COLECCION
CREATIVA

CUQUI ZAVALÍA

VÍSTASE Y VISTA SU CASA

HACIENDO CROCHET

imaginador

La autora desea agradecer muy especialmente a la Sra. Hilda Elena Logiódice por su asesoramiento y colaboración en todo lo concerniente a la factura del presente libro.

Primera edición: junio de 1998
Última reimpresión: 2.000 ejemplares, septiembre de 2003

I.S.B.N.: 950-786-223-6

Se ha hecho el depósito que establece la Ley 11.723
Copyright by GIDESA
Bartolomé Mitre 3749 - Ciudad Autónoma de Buenos Aires
República Argentina
IMPRESO EN ARGENTINA - PRINTED IN ARGENTINA

UN ARTE DE NUESTRAS ABUELAS

Uno de los objetivos de esta colección de libros es el rescatar algunas manualidades o artesanías perdidas por la tecnificación e industrialización de la vida moderna en todos sus aspectos.

En este caso en particular pretendemos recuperar una artesanía fácil de realizar, económica y, sobre todo, muy gratificante.

El tejido a crochet (o tejido con una sola aguja) es aquél con el que nuestras abuelas y tías, y quizás nuestras madres, confeccionaron carpetas, cortinas y otros detalles que aún nos acompañan como una hermosa herencia de amor.

Es nuestra intención que las personas que lean este libro recuperen ese entusiasmo por el tejido a crochet y se inclinen a la realización de prendas de vestir o accesorios decorativos para el hogar. El crochet ha vuelto a estar de moda, y aquí les ofrecemos las herramientas básicas para poder trabajar con simplicidad.

1

INFORMACIÓN BÁSICA

- Los materiales.
- Abreviaturas importantes.
- Montaje de los puntos en el ganchillo.
- Los puntos.

• LOS MATERIALES

MATERIALES IMPRESCINDIBLES

Todos los materiales que requiere el trabajo a crochet son fáciles de adquirir en cualquier comercio especializado o en mercerías. Básicamente, se necesita contar con:

- **Ganchillos**
  (o agujas para crochet)
  de diversos números

CONSEJO

Las agujas de crochet pueden ser de acero o plástico. También las hay de madera, aunque son difíciles de conseguir.

CONSEJO

Cuanto más ajustado teja la tejedora, es recomendable utilizar una aguja más gruesa para equilibrar la tensión de la labor.

SECRETO

Las agujas de crochet, como todos saben, se presentan en gran variedad de números que definen el grosor de la aguja. Así es como el "0" se utiliza para identificar a la aguja más gruesa de todas.

• **Lanas e hilos**

LAS LANAS

• Para las prendas realizadas en lana
se utiliza, por lo general, lana para prendas de bebé en color a elección. Al pedir la lana en el comercio especializado no hará falta especificar el grosor de la hebra o cabo pues el rótulo "para bebé" ya indica un grosor determinado.

• Si desean realizar una prenda de vestir en lana o hilo con tejido a dos agujas y quieren terminarla con alguna puntilla hecha en crochet, traten de utilizar para esto la misma lana con que tejieron el resto de la prenda.

• Si tejen toda la prenda de vestir al crochet y quieren terminarla con una puntilla, sólo tendrán que variar el grosor de la aguja para la terminación.

CONSEJO

Si se van a tejer prendas para bebé al crochet (sobre todo batitas), se recomienda utilizar lana para bebé sin pelo.
Hay variantes de lanas fantasía con más pelo, pero si el bebé se babea y luego se lleva las manos a la boca se corre el riesgo de que trague pequeños pelos de la lana.

LOS HILOS

Cualquier hilo puede ser apto para trabajar en crochet, pero aquí nos referiremos a aquellos hilos que se han utilizado para realizar las labores presentadas en el libro. Ellos son:

1) Hilo perlé: Se presenta en ovillos de distintos grosores, metros y colores.

2) Hilo de madeja o macramé: Si se teje con este hilo se debe observar primero si se quiere al mismo grosor del modelo elegido entre los incluidos en este libro, independientemente del punto con que se confeccione la manualidad. Si se opta por otro grosor de hilo habrá que elegir el número de aguja cuyo grosor se adapte al hilo elegido.

SECRETO: LOS OTROS HILOS

El hilo de atar se encuentra por lo general en comercios de artículos de embalaje o librerías. Se presenta en carreteles con madejas de diferentes grosores (de acuerdo con la cantidad de hebras que posea el hilo). En este sentido, podemos decir que el más aconsejable es el de 3 (tres) hebras.
Además, el hilo de atar es generalmente de color tiza y suele poseer impurezas en su textura. Estas características lo hacen ideal para trabajos de estilo rústico como por ejemplo: caminos para mesa y cómodas, carpetas, almohadones, puntillas para estantes, carteras o cubrecamas. Este hilo es, además, un inmejorable compañero de los muebles de algarrobo.

LA CANTIDAD DE MATERIAL

Calcular la cantidad de hilo o lana necesarios para realizar una manualidad en crochet es sumamente difícil: se necesita tan poco que casi no se requiere mencionarla.

En este sentido, es importante consignar que con un solo ovillo de hilo perlé, por ejemplo, se pueden realizar varias carpetas o puntillas. Por eso sugerimos contar siempre con varias madejas en diferentes tonalidades: siempre tendremos a mano la cantidad necesaria para realizar nuestra tarea.

Además, debe tenerse en cuenta que cada persona tiene una forma particular de tejer (con mayor o menor tensión de los puntos), y que esto también influirá en la cantidad de hilo o lana a utilizar.

OTROS MATERIALES

Además de los imprescindibles hilos, lanas y agujas de crochet, será necesario tener:

- **Cinta métrica**
- **Tijeras**
- **Agujas de coser lana e hilo común**
- **Hilo de coser de varios colores**
- **Alfileres de gancho**
- **Cinta bebé**
- **Puntillas finas**
- **Botones**

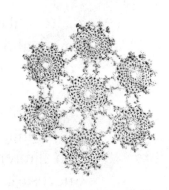

• ABREVIATURAS IMPORTANTES

Para simplificar la explicación de las manualidades, suele recurrirse a ciertas abreviaturas. Si no estamos acostumbradas a este tipo de labor con aguja de crochet, será conveniente leer muy bien las que siguen a continuación para comenzar a familiarizarnos con ellas. Además, cada vez que olvidemos el significado de alguna podremos volver a consultar la guía que se ofrece a continuación.

aum.: aumento, aumentar

ant.: anterior

cad.: cadena, cadenita

dism.: disminución, disminuir

h.: hilera

intr.: introducir

izq.: izquierdo, izquierda

laz.: lazada

m. p.: medio punto

p.: punto

m. p. c/laz.: medio punto con lazada

pas.: pasado, pasar

sal.: saltar

p. de base: punto de base

p. v.: punto vareta

rep.: repetir

ret.: retomar

rev.: revés

der.: derecho, derecha

sig.: siguiente, siguientes

suc.: sucesiva, sucesivas

term.: terminar

vuelt.: vuelta (hilera)

f. de v.: fin de vuelta (hilera)

◄ : inicio del trabajo

* : el asterisco indica que hay que repetir desde dicho signo

ganch.: ganchillo

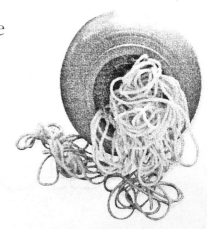

• MONTAJE DE LOS PUNTOS EN EL GANCHILLO

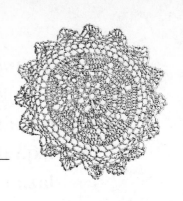

ALGUNAS ACLARACIONES IMPORTANTES

Montar significa trabajar o tejer una serie de p. cad. que servirán de base al tejido posterior.

Hilera o **vuelta** es el conjunto de p. trabajados de derecha a izquierda.

> **SECRETO**
>
> *Ganchillo no es más que un sinónimo de aguja de crochet. Ténganlo en cuenta ya que esta palabra se nombrará infinidad de veces a lo largo del libro.*

INICIO DEL TRABAJO

Para recordar:

Si trabajan con ovillos utilizarán este material directamente.

Si compran, en cambio, madejas, deberán ovillarlas. Si hacen esto último, cuiden la tensión con que ovillan el hilo: si el ovillo es muy apretado el hilo perderá elasticidad y la calidad de su textura.

> **SECRETO**
>
> *Todas las personas que sean diestras iniciarán la labor de derecha a izquierda.*

cadena de base

(Se hace siempre y es la base de cualquier trabajo posterior)

1° h. p. v.

(Como ejemplo)

• Se teje con mano derecha sosteniendo el tejido con la mano izquierda.

• Cada vez que se va a iniciar una nueva hilera se gira el trabajo.

• Símbolos que identifican a los puntos básicos:

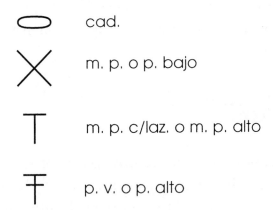

⬭	cad.
✕	m. p. o p. bajo
⊤	m. p. c/laz. o m. p. alto
⟙	p. v. o p. alto

• Símbolos que identifican a otros puntos:

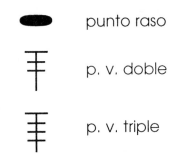

▬	punto raso
p. v. doble	
p. v. triple	

SECRETO

Aquí hemos nombrado a los puntos básicos del trabajo en crochet y a algunos un poco más complejos. Si bien no los incluiremos en este libro, debemos consignar que existen otros muchos puntos, no empleados en las manualidades que se enseñan en esta ocasión.

• LOS PUNTOS

Se denomina "punto" a la sucesión de puntos que forman un motivo, según cómo sean trabajados o combinados los puntos básicos.

A continuación conoceremos, entonces, la forma de hacer los "puntos" básicos.

PUNTO AL AIRE

Es el punto cadena que se realiza para formar otro punto. Por ejemplo: 3 cad. al aire, 1 m. p. en la 2º cad., 2 cad.

Para clarificar, observen la secuencia de ilustraciones:

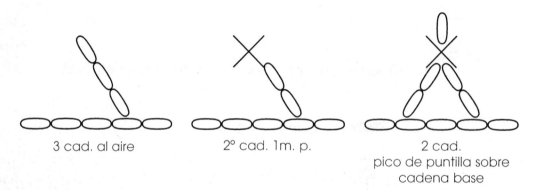

3 cad. al aire   2º cad. 1m. p.   2 cad.
pico de puntilla sobre
cadena base

CADENA BASE

Es la base del trabajo a ganchillo o crochet. Está formada por una serie de p. cad. y sobre ésta van ubicadas las h. (hileras) del punto elegido.

Observen la secuencia:

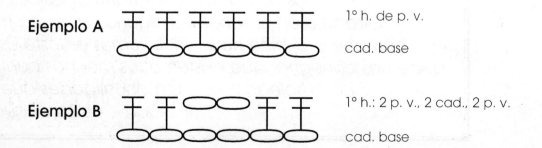

Ejemplo A   1° h. de p. v.

                       cad. base

Ejemplo B   1° h.: 2 p. v., 2 cad., 2 p. v.

                       cad. base

ESQUEMAS DE REALIZACIÓN DE LOS PUNTOS BÁSICOS

PUNTO CADENA (p. cad.) ⬭

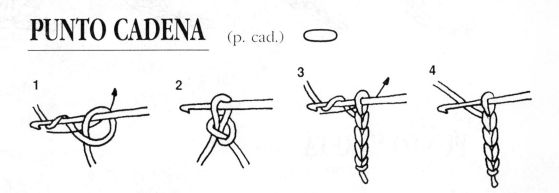

MEDIO PUNTO (m. p.) ✕

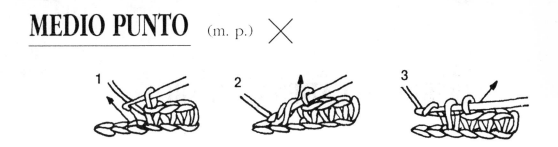

PUNTO RASO (p. ras.) ⬬

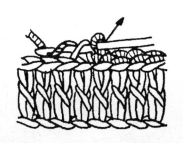

MEDIO PUNTO CON LAZADA (m. p. c/laz) ⊤

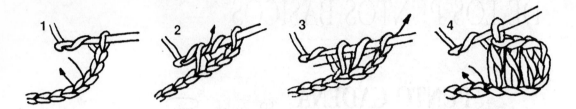

PUNTO VARETA (p. v.) ⊤

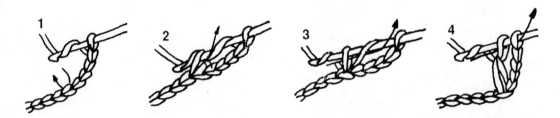

CIERRE DE CADENA (EN ARO)

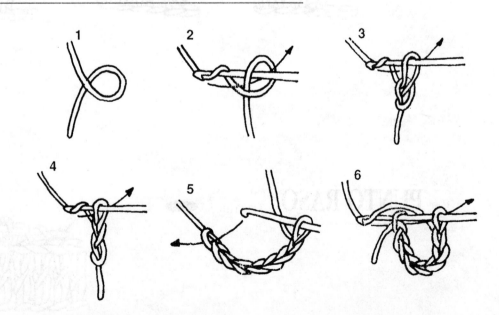

EXPLICACIÓN PARA REALIZAR LOS PUNTOS

PUNTO CADENA

Paso inicial: Realizar un rulo o aro, pasar por él el ganchillo, y extraer la lana o hilo para obtener el primer punto cadena.

¿Cómo se forma el rulo? Se toma la lana o el hilo con la mano izquierda sujetando la hebra más corta entre el dedo índice y pulgar. Se forma el rulo con la mano derecha, que es la que sostiene al ganchillo o aguja. Se pasa el ganchillo entre la hebra y el dedo índice para enganchar la hebra y pasarla después por el rulo o eslabón.

La hebra más larga, que finaliza en el ovillo, se sostiene por detrás del dedo índice sujetada por los demás dedos.

Para la próxima cadena (rulo - aro - eslabón), se toma la hebra sobre el dedo índice con el ganchillo y se la pasa por la cadena.

LA LAZADA

Hacer una lazada consiste en tomar la hebra con la aguja o ganchillo, dejarla en suspenso para entrar en 1 p. de base, tomar la hebra nuevamente y pasarla por el p. de base para realizar el punto deseado.

• Si al tomar la hebra y al extraerla toman todos los puntos del ganchillo, habrán hecho un MEDIO PUNTO ALTO o un MEDIO PUNTO CON LAZADA ⊤.

• Si al tomar la hebra y extraerla toman los 2 primeros p. del ganchillo, toman nuevamente la hebra y la pasan por los 2 últimos p. que quedan, habrán hecho un PUNTO VARETA o un PUNTO ALTO ∓.

MEDIO PUNTO S/LAZADA O PUNTO BAJO

Se teje sobre la base de cad. y, lo que es muy importante, se debe girar el trabajo.

De este modo, la última cad. de la h. ant. pasará a ser el primer p. de la h. sig.

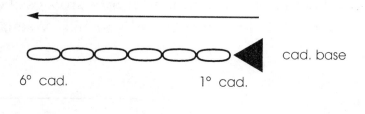

Se introduce el ganchillo en la cad., se saca la hebra pasándola por el p. que está en el ganchillo.

SUGERENCIAS PARA TODOS LOS PUNTOS

Cada vez que se inicia una hilera es aconsejable aplicar una técnica que conoceremos en esta página.

Esta técnica ayuda a la terminación del trabajo, pero depende en cada caso del punto empleado y el modo de tejer. Consiste en incluir 1, 2 ó 3 cadenas en los costados del trabajo de crochet. Decimos que la cantidad de cadenas que se apliquen dependerá del punto empleado ya que hay puntos más "altos" o más "bajos" que otros.

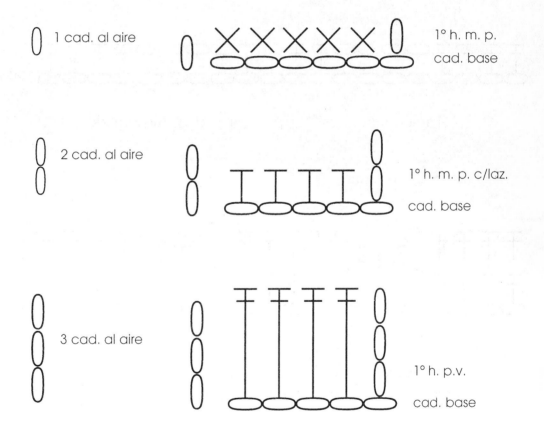

1 cad. al aire

1° h. m. p.
cad. base

2 cad. al aire

1° h. m. p. c/laz.
cad. base

3 cad. al aire

1° h. p.v.
cad. base

PUNTO RASO

Sirve para retomar los trabajos que se acaban de hacer o al cerrar la hilera. Es como un p. cad. sobre otro p. Por lo general se usa para unir, mediante el tejido, dos piezas que se han tejido por separado.

PUNTO FANTASÍA I

Es la combinación del p. cad. y p. v.

• La cadena base debe realizarse sobre múltiplos de 4.

 20 cad.

• 1° hilera: se empieza y se termina con 4 p. v. en todas las hileras.

 20 cad.

La secuencia es: * 4 p. v., 4 cad. *. Repetir de * a *.

• 2 ° hilera:

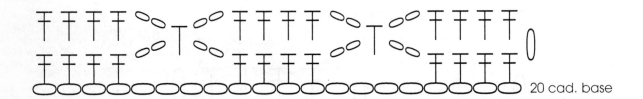 20 cad. base

La secuencia es: * 4 p. v., 2 cad., 1 m. p. c/laz. pasado por debajo de la 2° cad., 2 cad. *. Repetir de * a *.

¡ATENCIÓN!

El m. p. c/laz. evita que el trabajo se aplaste. Este m. p. se pasa por debajo de la 2° cad. de la h. anterior.

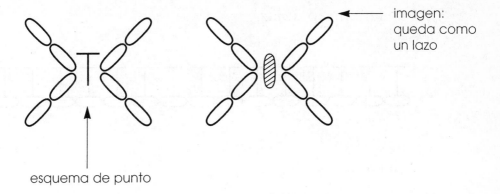

imagen:
queda como
un lazo

esquema de punto

- La 4º coincide con la 4º vareta de la h. ant. Así se forman los pilares.

- Continuar así hasta obtener el alto deseado. Terminar igual que la 1º h: * 4 p. v., 4 cad. *.

- 3º hilera: * 4 p. v., 4 cad. *.

- 4º hilera: * 4 p. v., 2 cad., 1 m. p. c/laz. por debajo de las 2º cad., 2 cad. *.

IMPORTANTE

El medio punto con lazada se hace en las hileras pares.

PUNTO FANTASÍA II

Inicio del trabajo: Montar la cantidad de cad. que indica el modelo (la cadena base debe ser múltiplo de 7 + 2 puntos).

16 cad. base

1° hilera: m. p. c/laz.

2° hilera:

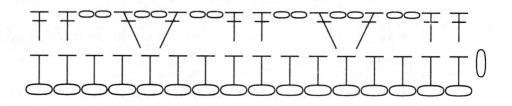

3° hilera (y sucesivas):

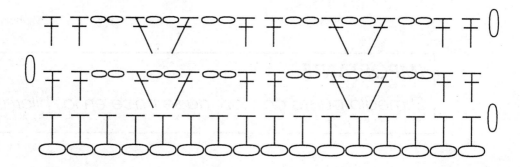

DATOS IMPORTANTES

• *Al iniciar cada hilera, tejer 1 p. cad. al aire* 0. *De acuerdo con el modo de tejer, pueden seguirse los consejos dados. En los trabajos presentados en este libro se empleó 1 p. cad. al aire.*

• *Se recomienda iniciar y terminar cada hilera con 2 p. v. siempre. Esto es importante para mantener el margen del tejido prolijo.*

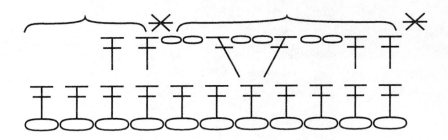

El punto fantasía se repite también de * a *, como se ve en la figura precedente.

La secuencia sería: * 2 p. v., 2 cad., en el mismo p. base 1 p. v., 2 cad. 1 p. v., 2 cad. *.

Al arrancar con 2 p. v. ya recomienzan el motivo. Son 10 p. por motivo. Se necesitan como cadena base múltiplos de 7 + 2 p.

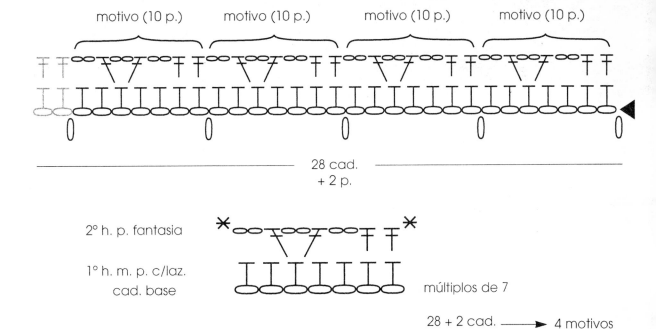

Ejemplo: Sobre las 28 cadenas se repiten 4 veces los motivos. Los 2 p. de más (los que se observan atenuados), son los 2 p. v. de margen.

2

PUNTILLAS

- Puntilla Nº 1.

- Puntilla Nº 2.

- Puntilla Nº 3.

- Puntilla Nº 4.

- Puntilla Nº 5.

- Puntilla Nº 6.

PUNTILLAS

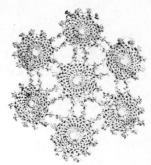

Las puntillas utilizadas en los trabajos presentados en el libro son puntillas de terminación pues, como su nombre lo indica, dan una "terminación" prolija a cualquier labor.

En muchos casos se las aplica a prendas de vestir hechas con puntos sencillos de tejido a dos agujas. No sólo embellecen la prenda sino que también pueden darle un toque distinguido y especial.

Su aplicación, entonces, es bastante amplia y ofrece muchas variantes: carpetas, individuales, terminaciones de cortinas, fundas, toallas, manteles y cualquier otro detalle de la decoración de un hogar.

En cuanto a las prendas de vestir, podemos aplicar puntillas de terminación en mantillas, mantillones, cuellos y puños, ruedos y batitas para bebés.

No debemos olvidar el pasacintas, un aliado muy útil en muchas manualidades.

Los estantes de la cocina pueden embellecerse también si se los decora con puntillas; ellas solas, sin ser accesorio de una manualidad, pueden convertirse en excelentes sujeta-bandejas.

...Y cómo obviar a los inolvidables y siempre de moda "entredós", aquéllos que realizaron nuestras abuelas con tanto amor. Ustedes podrán confeccionarlos para aplicar en manteles, cortinas, toallas de toilette, blusas y cualquier otra prenda.

> ### SECRETO
> *Nunca olviden que todo es posible si dejan volar su creatividad y dan rienda suelta a la imaginación.*

DATOS A TENER EN CUENTA ANTES DE COMENZAR

• Si van a realizar puntillas para entredós, conviene dejar los bordes o márgenes rectos. Esto facilitará la unión con la tela.

• Los modelos de puntilla explicados en este libro son una combinación de los puntos básicos: cad., p. v., m. p.

• En las explicaciones correspondientes a cada puntilla se ofrece la hilera base, pero ustedes pueden variarla combinando la tela o el punto.

CONSEJO

En los esquemas de los modelos de puntillas se muestra el punto de inicio (cadena base). Esto no coincide con las puntillas de los trabajos presentados pues los esquemas muestran la puntilla, independientemente del trabajo.

• Recuerden que si la prenda en la que piensan aplicar la puntilla ha sido tejida con lana o hilo deberán utilizar para la terminación a ganchillo el mismo material y elegir un grosor de aguja adecuado.

A continuación les ofrecemos la explicación paso por paso de seis puntillas diferentes.

• PUNTILLA Nº 1

1º hilera:

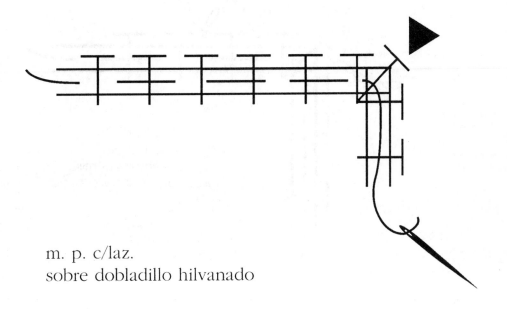

m. p. c/laz.
sobre dobladillo hilvanado

2º hilera:

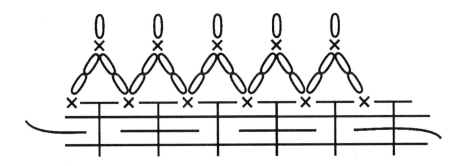

* 1 m. p., 3 cad., 1 m. p. en la 2º cad., 2 cad. *.
Se repite de * a * hasta llegar al inicio de la 2º hilera.

¡IMPORTANTE!

Lleguen siempre a cada vértice del trabajo con 1 m. p. c/laz.

detalle del ángulo en la
esquina del trabajo
(En este ejemplo, puntilla
aplicada a un individual de
tela)

SECRETOS Y DÁTOS ÚTILES

• *Este m. p. c/laz. sostiene mejor el dobladillo.*

• *Lleguen al ángulo en la 2° hilera con la cresta de
p. cad.*

• *Al terminar retiren el hilván, y con esto habrá fina-
lizado el trabajo.*

*La puntilla que ven aquí y de la cual tie-
nen en estas páginas la explicación co-
rrespondiente ha sido aplicada en el Individual Nro. 2 de la página 49
de este libro.*

• PUNTILLA Nº 2

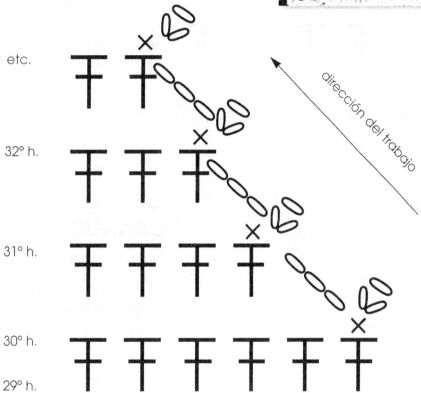

etc.

32º h.

31º h.

30º h.

29º h.

dirección del trabajo

La terminación cierra las disminuciones hechas en el tejido de una prenda.

1º hilera:

En el 1º p. v. de la última h., hacer 3 cad., cerrarlas con 1 m. p. en el mismo p. base, * 3 cad. al aire, 1 m. p., 3 cad., cerrarlas con 1 m. p. en el mismo p. de base *. Repetir de * a *.

ATENCIÓN

En esta puntilla, al terminar cada hilera NO SE GIRA EL TRABAJO. SE SUBE a la hilera siguiente. Cada m. p. coincide con el 1º p. v. de la hilera siguiente.

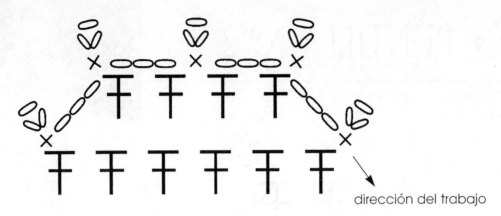

dirección del trabajo

detalle: última h. 4 p. v. de la tira o lazo

Fin del trabajo.

Esta puntilla es la que se utilizará más tarde, en la confección de los escarpines amarillos para adultos.

• PUNTILLA Nº 3

1º hilera:

Comienza sobre el último p. v. de la hilera anterior: 3 cad., cerrarlas con 1 m. p., 2 cad. al aire, * 1 m. p. en la 2 v. de la h. ant., 3 cad., cerrarlas con 1 m. p., 3 cad., 1 m. p. en la 2º cad. de la h. ant., 3 cad., cerrarlas con 1 m. p. *. Repetir de * a *.

SECRETO

Se pueden hacer 3 ó 4 cad. (en el esquema se ven 4 pero en la explicación se nombran 3), ya que esto depende de la mayor o menor tensión del tejido.

ATENCIÓN

Los m. p. que cierran las cad. caen sobre la 2° v. (del pilar de 4 p. v.) y sobre la 2° cad. (del puente de cad.).

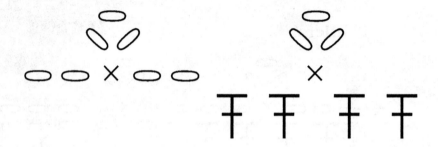

Detalle "A"

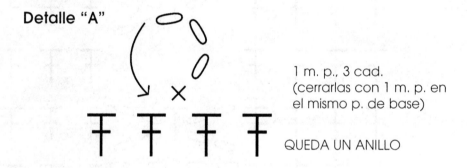

1 m. p., 3 cad.
(cerrarlas con 1 m. p. en
el mismo p. de base)

QUEDA UN ANILLO

Detalle "B"

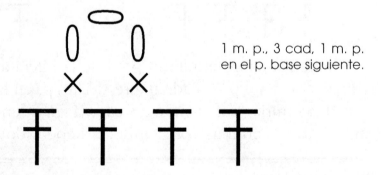

1 m. p., 3 cad, 1 m. p.
en el p. base siguiente.

Si lo hacemos así, el efecto será el de un puente.

La diferencia está en tejer el m. p. en el mismo p. de base (1 m. p.) o en el p. de base siguiente de la h. anterior (1 p. v.).

2° hilera:
Se hace igual que la primera.

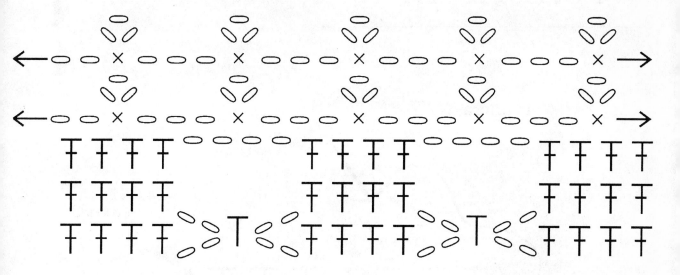

Esquema de las últimas hileras del individual de hilo y las 2 hileras de la puntilla.

Detalle esquina y lateral del trabajo

• PUNTILLA Nº 4

1º hilera:

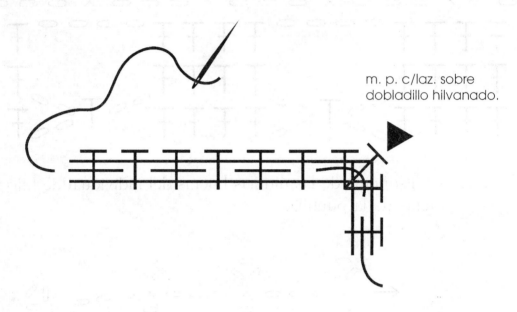

m. p. c/laz. sobre dobladillo hilvanado.

2º hilera:

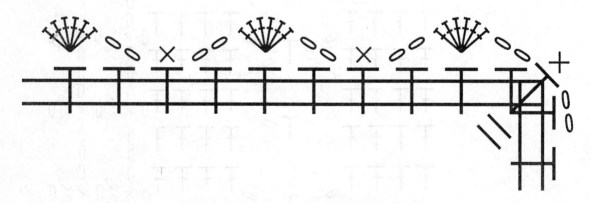

* 2 p. cad., 6 p. v. sobre el mismo p. de base, 2 cad., 1 m. p. *.

Repetir de * a * hasta llegar al inicio de la 2º hilera.

- Se recomienda iniciar la 1° hilera de la puntilla en un ángulo y con 1 m. p. c/laz.
- La 2° hilera se inicia con 1 m. p., 2 cad.
- Al llegar al ángulo con 1 m. p. pueden o no hacerse en el mismo lugar.

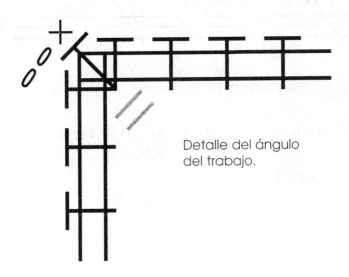

Detalle del ángulo
del trabajo.

- Retirar el hilván.
- Fin del trabajo.

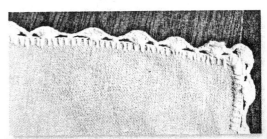

*Aquí ven un detalle de la puntilla,
que fue aplicada en el Individual
Nro. 1 de la página 47.*

• PUNTILLA Nº 5

1º hilera:

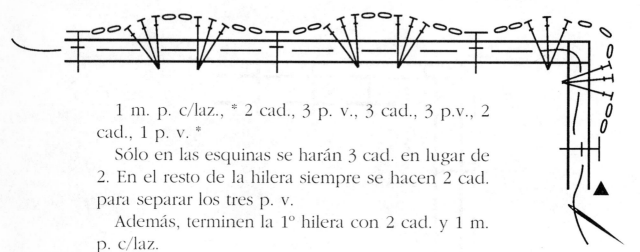

1 m. p. c/laz., * 2 cad., 3 p. v., 3 cad., 3 p.v., 2 cad., 1 p. v. *

Sólo en las esquinas se harán 3 cad. en lugar de 2. En el resto de la hilera siempre se hacen 2 cad. para separar los tres p. v.

Además, terminen la 1º hilera con 2 cad. y 1 m. p. c/laz.

2º hilera:

motivo

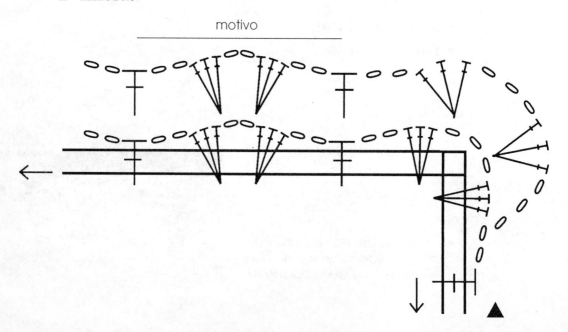

La 1° hilera termina en el extremo izquierdo del trabajo con 1 m. p. c/laz.

Allí arranca, girando, la 2° hilera.

La secuencia es la siguiente:

3 cad. a partir de la 2 cad. de base, 3 p. v., 2 cad., 3 p. v. Sobre las 3 cad. de la esquina hacer 2 cad.

El motivo se repite a partir de * p. v., 2 cad., 3 p. v., 2 cad., 3 p. v. sobre las 2 cad. de la h. ant., 2 cad. *

La 2° hilera termina en ángulo derecho, con 3 cad. que caen en la 2° cad. base.

- Retirar el hilván.
- Fin del trabajo.

PUNTILLA Nº 6

1º hilera:

Se hace con p. base a elección.

2º hilera:

p. v.

3º hilera:

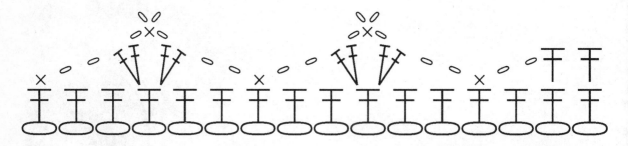

2 p. v., 2 cad., * 1 m. p., 2 cad., 2 p. v., 3 cad., 1 m. p. en la 1º cad., 1 cad., 2 p. v. (en el mismo p. de base que las 2 v. anteriores), 2 cad. *.

Repetir de * a *.

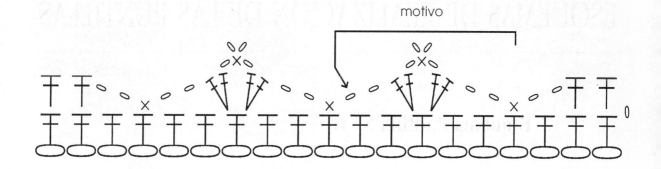

Esquema de puntilla terminada con margen.

IMPORTANTE

Para que los motivos queden prolijos revisen:

1)- El margen de inicio.

2)- En base al modelo sobre el que van a aplicar la puntilla vean cuántos p. entran en cada motivo, con respecto a la cadena base.

3)- Agreguen los puntos del margen de cierre.

Esta puntilla ha sido aplicada sobre la mantilla de lana (tejido a 2 agujas) que encontrarán en las páginas color de este libro)

ESQUEMAS DE REALIZACIÓN DE LAS PUNTILLAS

Esquema Puntilla Nº 1:

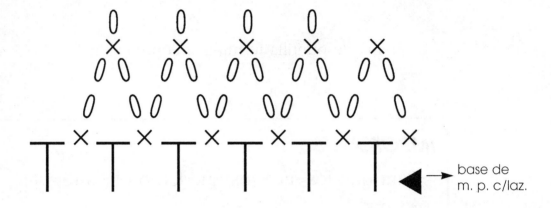

base de
m. p. c/laz.

Esquema Puntilla Nº 2:

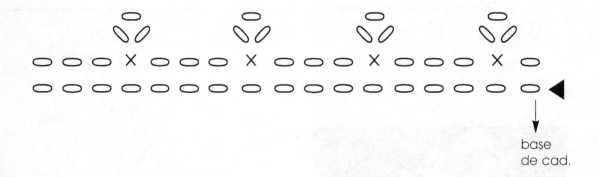

base
de cad.

Esquema Puntilla N° 3:

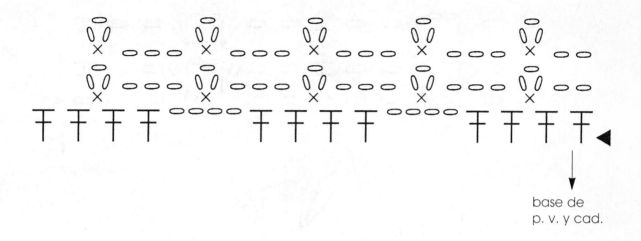

base de
p. v. y cad.

Esquema Puntilla N° 4:

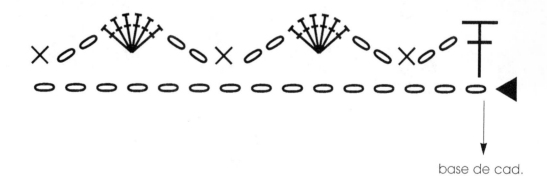

base de cad.

Esquema Puntilla Nº 5:

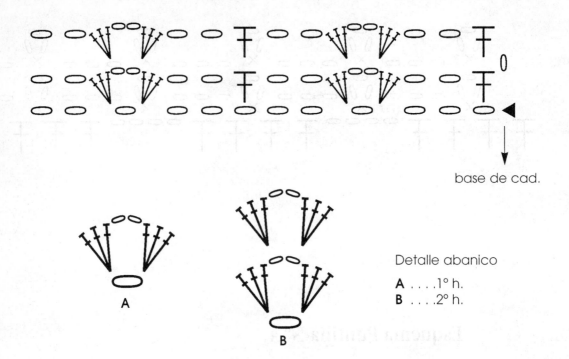

base de cad.

Detalle abanico
A . . . .1º h.
B . . . .2º h.

Esquema Puntilla Nº 6:

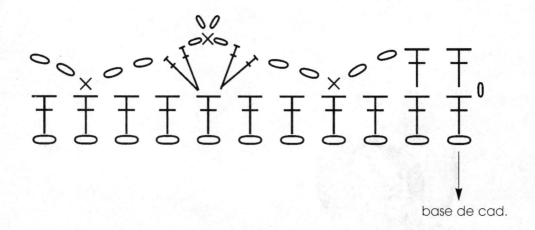

base de cad.

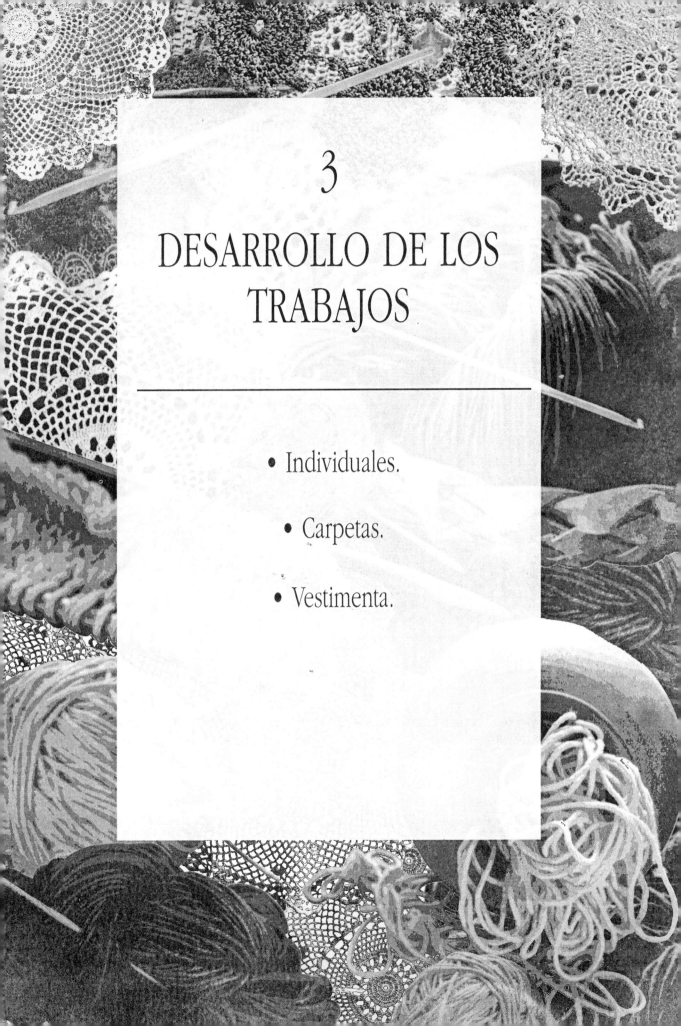

3

DESARROLLO DE LOS TRABAJOS

- Individuales.

- Carpetas.

- Vestimenta.

LOS INDIVIDUALES

• N° 1
Individual de lino amarillo y puntilla blanca

Materiales:
- lino amarillo
- hilo perlé blanco
- ganchillo N° 4

Medidas:

33 cm. x 25 cm.

Puntilla a aplicar:

Esquema de puntilla N° 4

Inicio del trabajo:

- Dobladillamos e hilvanamos todo el contorno del individual con hilo de coser de color contrastante.
- Conviene que comencemos la 1° hilera con 1 m. p. c/laz. en un ángulo.

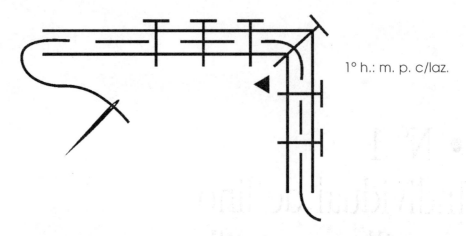

1° h.: m. p. c/laz.

ATENCIÓN

Les puede suceder lo siguiente:

a)- Llegan al ángulo del trabajo con los 6 p. v.

b)- Llegan al extremo con los 6 p. v. y el m. p. en el ángulo.

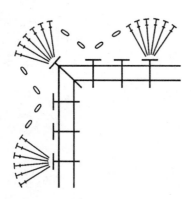   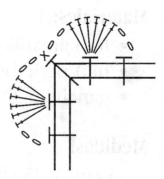

Por eso observen bien la distribución de los puntos y hagan los cuatro ángulos iguales.

- Retiren el hilván y planchen.
- Fin del trabajo.

lino
lla

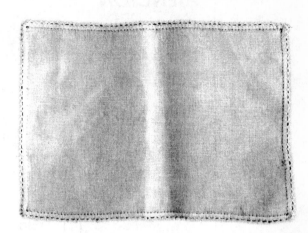

Materiales:

- lino blanco
- hilo perlé
- ganchillo N° 4

Medidas:

43 cm. x 23 cm.

Puntilla a aplicar:

Esquema de puntilla N° 1

Inicio del trabajo:

- Dobladillamos e hilvanamos todo el contorno del individual con hilo de coser de color contrastante.
- Cuando se teja la puntilla, la 1° hilera de m. p. c/laz. fijará el dobladillo. Por eso debe ser prolijo y lo más fino posible.

ATENCIÓN

En cada ángulo debe quedar 1 m. p. c/laz. En la 1º hilera, comiencen por el ángulo.

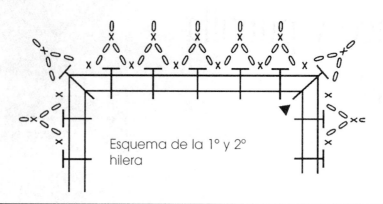

Esquema de la 1º y 2º hilera

- Retirar el hilván.
- Fin del trabajo.

• Nº 3
Individual de hilo macramé

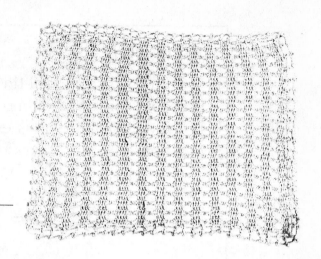

Materiales:
- hilo macramé beige

Medidas:
37 cm. x 31 cm. (sin puntilla)

Puntilla a aplicar:
Esquema de puntilla Nº 3

Punto empleado:
Fantasía I

Inicio del trabajo:

- El individual se realiza en su totalidad con punto fantasía I, hasta llegar a la medida deseada.
- La última vuelta deberá ser igual que la primera (* 4 p. v., 4 cad. *. Repetir de * a *).

Detalle punto fantasía

ATENCIÓN

• En las esquinas, al finalizar la 1º hilera de la puntilla, deben coincidir en el último punto las 3 cad.

Lleguen siempre a las esquinas con 3 cad. Esto las ayudará a conservar la forma del trabajo.

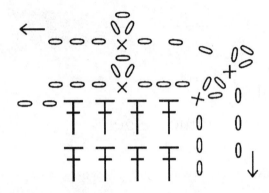

RECUERDEN

• En los laterales ya no se trabaja sobre el punto base (en este ejemplo, p. v.) sino que se trabaja sobre el lateral de las hileras.

Lo aconsejable, entonces, es observar la distribución sobre cada punto base y los laterales. Observen el siguiente esquema:

Así se trabaja
sobre lateral

LAS CARPETAS

• Nº 1
Carpeta con forma de estrella

Materiales:
- hilo perlé blanco (1 ovillo chico)
- ganchillo Nº 5

CONSEJO

Si bien sugerimos, en la lista de materiales, que compren 1 ovillo chico de hilo, seguramente les sobrará bastante material. Pueden utilizarlo para hacer otros trabajos o para confeccionar más de una carpeta con forma de estrella, y así armar un conjunto.

Medidas:

La carpeta entrará en un rectángulo imaginario de 23 cm. x 26 cm., pero puede variar su tamaño.

Inicio del trabajo:

• Tejer 12 cadenas.

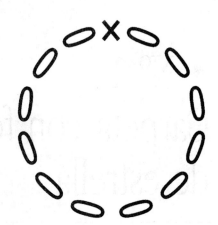

• Se cierran las cadenas con 1 m. p.

1º hilera:

Tejer en cada cadena 1 p. v. (en total tendremos 12 p. v.).

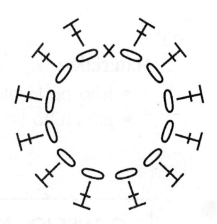

2º hilera:

* 3 p. v., 1 cad., 3 p. v. en el mismo p. de base, 3 cad, 1 p. v., 3 cad. *. Repetir de * a *.

3º hilera:

* 2 p. v., 2 cad., 2 p. v., 3 cad., 1 p. v., 3 cad. *. Repetir de * a *.

4º hilera:

Igual a la anterior.

5º hilera:

* 2 p. v., 2 cad., 2 p. v., 3 cad., 1 p. v., 3 cad. *. Repetir de * a *.

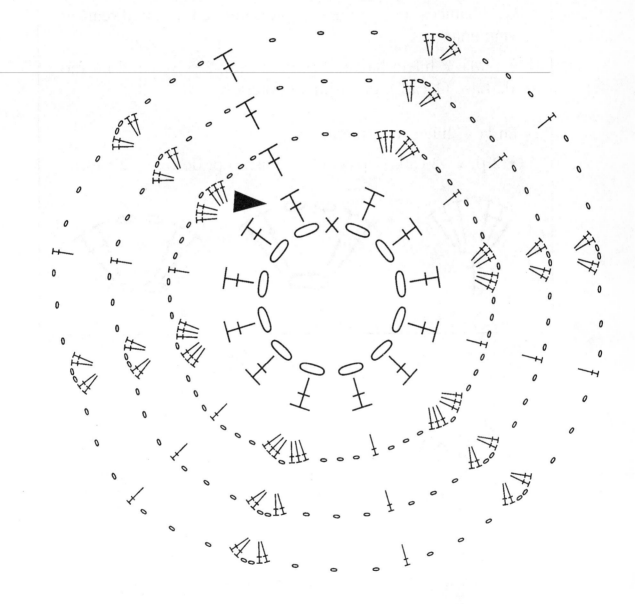

En el esquema precedente pueden observar cómo están hechas las hileras Nº 1, Nº 2, Nº 3 y Nº 4.

ATENCIÓN

Recuerden que el abanico se forma al realizar lo siguiente:

• En la 2º hilera, y en el mismo p. de base (1 p. v.) hagan 3 p. v., 1 cad., 3 p. v.

Los abanicos de las hileras posteriores se forman al realizar lo siguiente:

• En la 3º hilera hagan 2 p. v., 2 cad., 2 p. v. en el mismo p. de base (1 cad.), de la hilera anterior.

En la 4º hilera y siguientes:

• 2 p. v., 2 cad., 2 p. v. en el mismo p. de base (2 cad.).

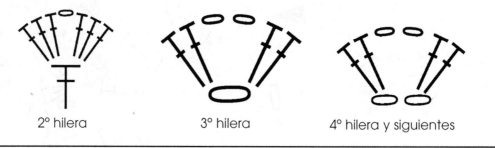

2º hilera   3º hilera   4º hilera y siguientes

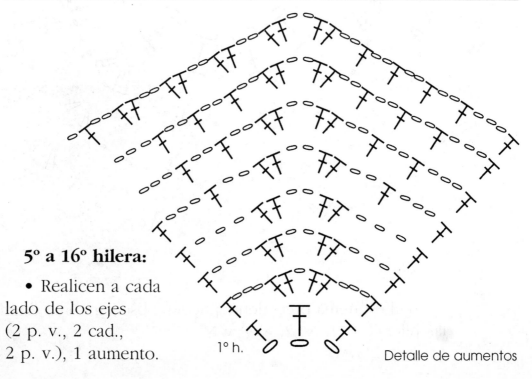

5º a 16º hilera:

• Realicen a cada lado de los ejes (2 p. v., 2 cad., 2 p. v.), 1 aumento.

1º h.

Detalle de aumentos

De este modo, se llegará a la hilera N° 16 con 12 aumentos de cada lado.

SECRETO

Como verán, la forma de estrella característica de esta carpeta la da el mismo proceso de tejido.

Detalle centro

Detalle bordes

• Nº 2
Carpeta redonda

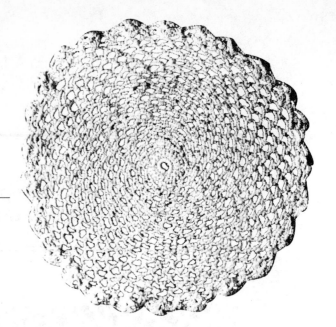

Materiales:

- hilo perlé blanco
- ganchillo Nº 5

Medidas:

El tamaño puede variar.

Inicio del trabajo:

- Monten 10 cadenas. Cierren con 1 m. p.

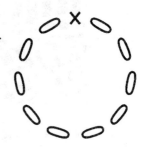

1º hilera:

- Tejer 31 p. v.

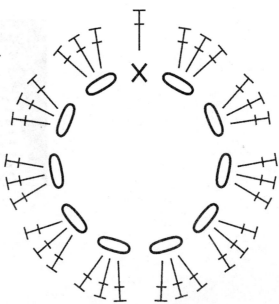

2º hilera:

* 4 cad., 4 p. v. *.
Repetir de * a *.

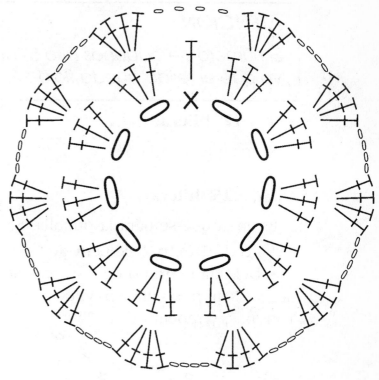

3º hilera:

* 5 cad., 4 p. v. *. Repetir de * a *.

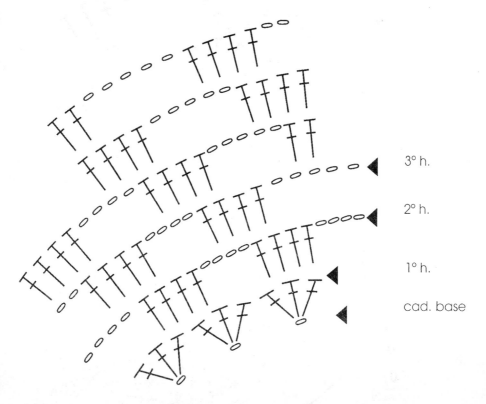

3º h.

2º h.

1º h.

cad. base

4º a 12º hilera:

Se tejen igual a la 3º.

13º a 15º hilera:

Es en la que se hará la puntilla. Se ejecuta lo siguiente:

* 5 cad., 1 m. p. *. Repetir de * a *.

• Del último grupo de 4 varetas de la 12º hilera se tejen * 5 cadenas, 1 m. p. en el 2º p. v. de base, 5 cad. en la 3º cad. de base, 1 m. p. *, y repetir de * a *.

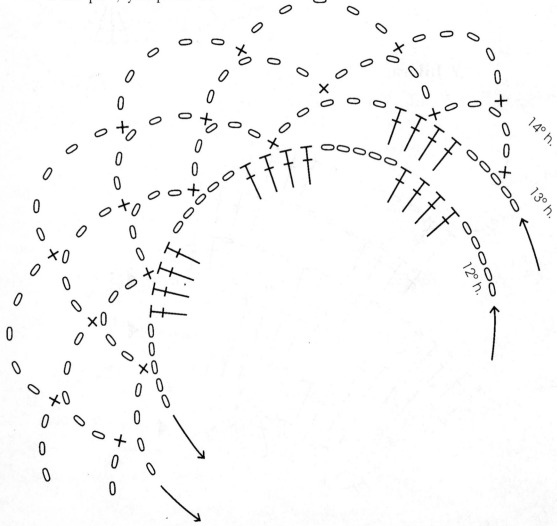

PUNTILLA SOBRE BASE DE CADENA

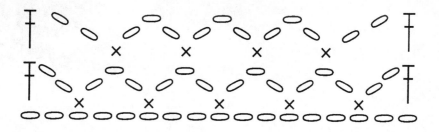

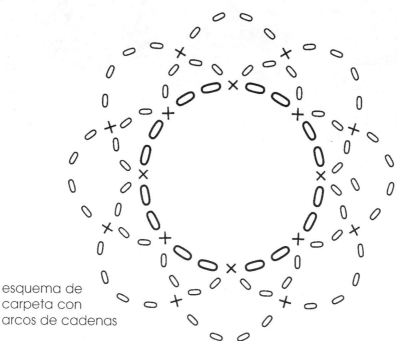

cad. base
1° h. y 2° h.
y demás hileras en
punto red, que es
el punto formado
por la secuencia
de tejido de las
cadenas.

esquema de
carpeta con
arcos de cadenas

La 1° y 2° hileras pueden hacerse en p. v. (punto vareta).

LA VESTIMENTA

• ESCARPINES PARA BEBÉ

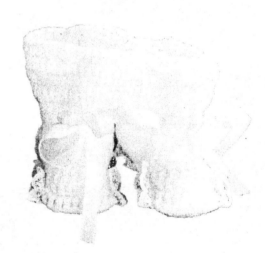

Materiales:

- lana bebé blanca
- puntillas finas
- cinta bebé al tono
- ganchillo N° 0

Punto empleado:

Vareta

Inicio del trabajo:

- Monten 40 cadenas sobre la aguja.

1° hilera:

- 40 p. v.

2° a 8° hilera:

- iguales a la primera.

8º hilera:

- Cierren el trabajo.
- Del inicio del trabajo dejen 14 p. v.
- Tejan 12 p. v. durante 14 hileras.
- Cierren el trabajo.

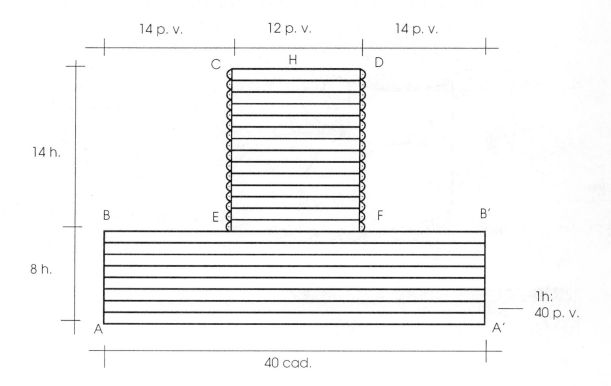

ATENCIÓN

Para continuar tejiendo a partir de la 9º hilera, se retoma el trabajo en el punto F (vean el esquema).

Armado de los escarpines:

1)- Con hilo de coser al tono y puntada invisible, cosan la puntilla desde C hasta E y desde D hasta F.

2)- Cosan con lana y aguja para lana (y con punto flojo), AB con A´ B´.

3)- Apoyen en H el extremo BB´, cosan los laterales desde H hasta A y desde H hasta A´, siempre con punto flojo.

4)- Terminen pasando la cinta bebé blanca la cual, al ajustarse y hacerse el moño, dará la forma final del escarpín.

La cinta se pasa entre los p.v.

Puntilla de los laterales.

Detalle de la cinta y
puntilla lateral

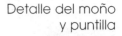

Detalle del moño
y puntilla

TRABAJOS TERMINADOS

Ésta es sólo una de las múltiples aplicacines del individual de hilo macramé: en este caso se lo utiliza como adorno de una mesa de roble que sostiene un canasto con hermosas plantas. El efecto es rústico, cálido y muy hogareño.

Tres ejemplos de puntillas aplicadas en los diversos trabajos que se desarrollan en el libro. Pertenecen a dos individuales y al "babero"

La mantilla está tejida a dos agujas pero ribeteada en sus cuatro costados con una puntilla tejida a crochet. Nos abrigará en las tardes frías del invierno y, ¿por qué no? será una manta ideal para la cuna del bebé.

LAS CARPETAS

Pueden hacerla siguiendo las indicaciones dadas en el cuerpo principal del libro: la carpeta en forma de estrella es muy fácil de hacer y, como todas las manualidades del libro, se adapta a casi todos los ambientes del hogar.
En esta página la pueden ver como base de una simpática canastita con flores y virutas aromatizadas, y como base de una maceta que alegra (con el color intenso de los pensamientos) cualquier rincón del hogar.

Esta delicada y casi etérea carpeta redonda de hilo es ideal para realzar cualquier jarrón con flores. Aquí acompaña a un simpático arreglo, ideal para una mesa auxiliar de la cocina.

La misma carpeta ha sido ubicada en este caso en el extremo de un vanitory y destaca aún más la pura blancura de este pequeño jarrón adornado con violetas.

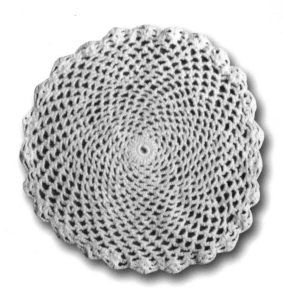

*¡Cuántas aplicaciones diferentes
para la misma carpeta!
Sirve de apoyo a un portalápices
mexicano, de fondo a una frutera
y de base a un elegante florero.*

LA ROPA DEL BEBÉ

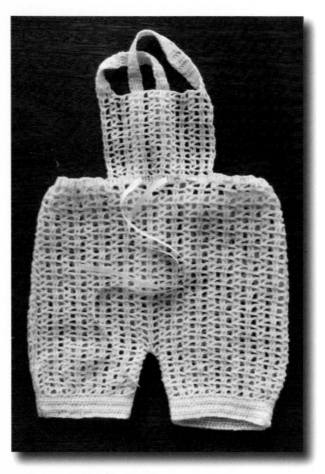

Si decidieron tejer el saquito y el pantalón con pechera, ¿cómo no van a completar un conjunto de ropa para bebé con estos sencillos escarpines?

Tienen la explicación de este delicado pantalón con pechera en el cuerpo central de este libro. Aquí pueden observarlo en todos sus detalles.

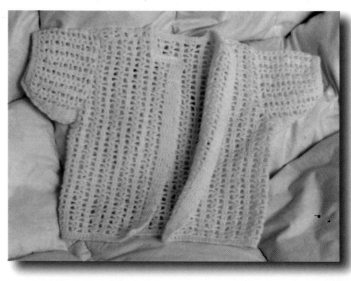

El saquito hace conjunto con el pantalón con pechera y ha sido realizado con el mismo punto de crochet. Anímese: es muy fácil de confeccionar.

Llegó la hora de tomar un rico té

¿Por qué no? Los individuales ribeteados con puntillas en crochet son tan hermosos que se adaptan a cualquier momento del día. Los pueden usar en los almuerzos y cenas, y pueden dar un toque especial a ese ratito que nos tomamos para disfrutar en calma de una aromática taza de té.

Una delicada puntilla para adornar un individual de hilo blanco que puede servir también como "babero" para un recién nacido. En este caso se lo usa como "carpeta" para contener dos típicos caracoles del Caribe.

Ejemplo de puntilla realizada a crochet y con lana. Se la aplicó en la mantilla blanca (tejida a dos agujas) que pueden ver en la página 66.

• ESCARPINES PARA ADULTOS

Materiales:

- lana bebé amarilla
- ganchillo N° 0
- 2 botones al tono

Puntilla a aplicar:

Puntilla N° 2

Inicio del trabajo:

- Monten sobre la aguja 28 cadenas.

1° hilera:

- Tejan todo en p. v.

2° hilera:

- 3 p. v., 2 cad., 1 p. v., * 2 cad., 2 p. v. en el mismo p. de base, 2 cad., 2 p. v. *. Repetir de * a *.

ATENCIÓN

Terminen la hilera con 2 p. v. en el mismo p. de base. Luego hagan 2 cad., 1 p. v., 2 cad., 3 p. v. para formar los laterales del trabajo.

3º a 28º hilera:

• Tejan igual a la 2º hilera.

29º hilera:

• Todo en p. v.

30º hilera:

• Dejen 3 p. v. sin tejer.
• Lleguen hasta 3 p. v. antes de terminar la hilera y giren el trabajo.

31º hilera y sucesivas:

• Inicien dejando 1 p. v. sin tejer terminando con 1 p. v. antes de finalizar la hilera.

• Continúen tejiendo así (disminuyendo) hasta que les queden 4 p. v.

SECRETO

Las disminuciones se hacen solas, al ir dejando 3 p. v. ó 1 p. v. sin tejer al inicio o al final de cada vuelta. La puntilla de terminación que aprenderán a continuación remata las disminuciones de manera prolija.

SECRETO

Para confeccionar el otro extremo del trabajo se lo gira y se procede de la misma manera.

TERMINACIÓN CON PUNTILLA

Este tipo de terminación sólo se ejecuta en los extremos del escarpín.

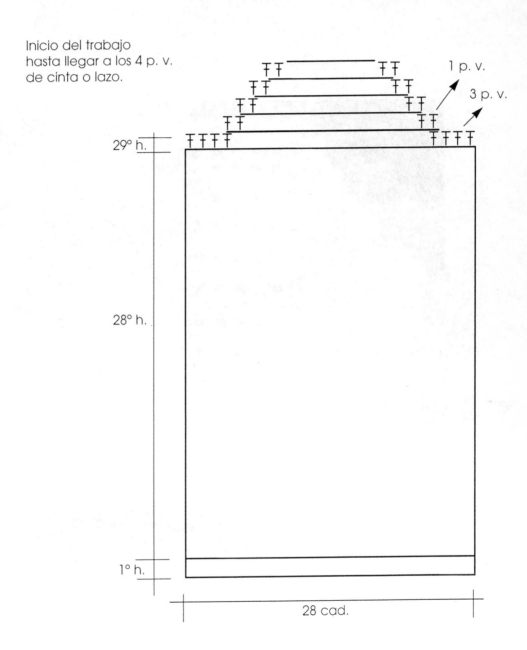

Inicio del trabajo
hasta llegar a los 4 p. v.
de cinta o lazo.

1 p. v.

3 p. v.

29° h.

28° h.

1° h.

28 cad.

Como saben, la puntilla que aplicaremos es la Puntilla N° 2.
Se realiza de la siguiente manera:

Inicio del trabajo:

• Sobre la 1° vareta de la 29° hilera hacer 3 cad., cerrarlas con 1 m. p., * 3 cad., 1 m. p., 3 cad., cerrarlas con 1 m. p. en el mismo p. de base. *. Repetir de * a *.

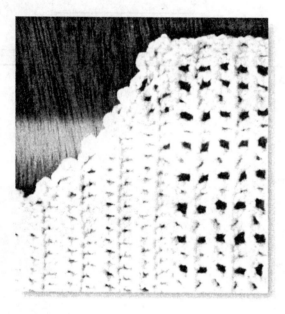

Detalle de disminución
y aplicación de la puntilla.

Escarpín desplegado

• PANTALÓN CON PECHERA PARA BEBÉ

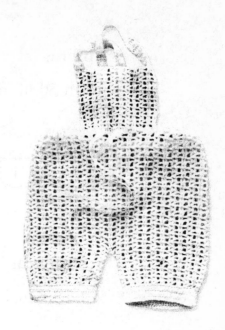

Materiales:

- lana bebé de color amarillo
- ganchillo N° 0
- cinta bebé al tono
- botones pequeños al tono

Punto empleado:

Fantasía II

Inicio del trabajo:

- Monten en el ganchillo 30 cadenas.

CONSEJO

Si desean agrandar o achicar las medidas, tengan en cuenta que SIEMPRE deberán montar un número de puntos que sea múltiplo de 7 + 2 puntos en la cadena base.

30 cad.

1º hilera:

- Tejan 30 m. p. c/laz.

2º y 3º hilera:

- Se tejen iguales a la primera.

A continuación pueden observar el esquema sobre 16 puntos cadena.

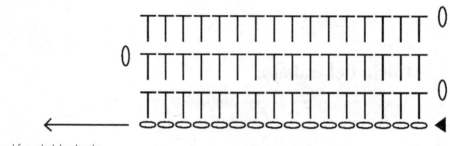

dirección del trabajo

4º hilera:

- 1 cad. al aire, * 2 p. v., 2 cad., en el mismo p. de base 1 p. v., 2 cad. y 1 p. v., 2 p. cad. *. Repetir de * a *.

ATENCIÓN

Cada hilera se inicia y se termina con 2 p. v. (para generar el margen del tejido).

5º a 12º hilera:

- Se tejen igual que la 4º hilera.

ESQUEMA "A"

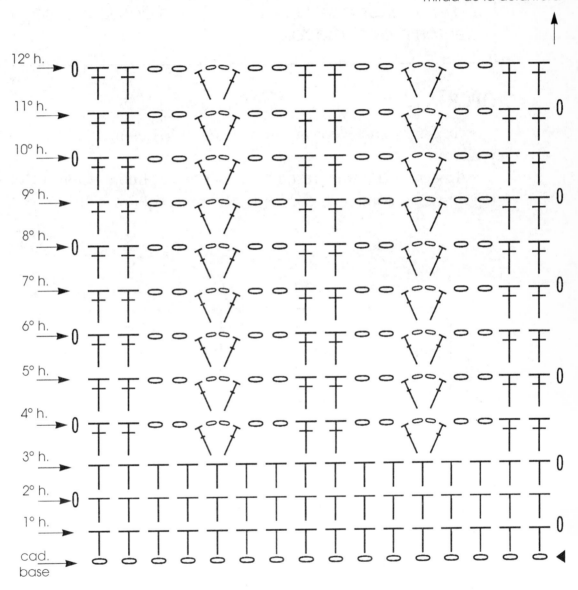

Este esquema muestra la cuarta parte del bombachón, es decir, la mitad de una de las piernas que forman el pantalón.

ARMADO DE LA PRENDA

> **ATENCIÓN**
>
> *Les ofrecemos dos formas diferentes de armar el trabajo. Ustedes pueden elegir aquélla con la que se sientan más cómodas.*

OPCIÓN Nº 1

- Tejan 2 partes (como quedan según los esquemas "A" y "C") y cierren.
- Las otras 2 partes restantes hasta la 12º hilera. Cuando ya se tejió ésta, se comienza con la 13º hilera (esquemas "B" y "D").

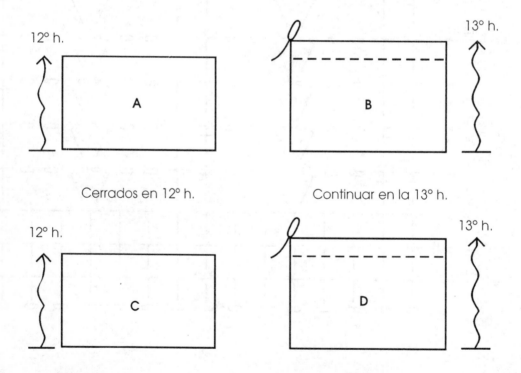

12º h.   A   13º h.   B

Cerrados en 12º h.   Continuar en la 13º h.

12º h.   C   13º h.   D

ESQUEMA "B"

Corresponde a cada mitad de la pierna.

Como el tejido no tiene derecho y revés, se unirá el rectángulo A con el D.

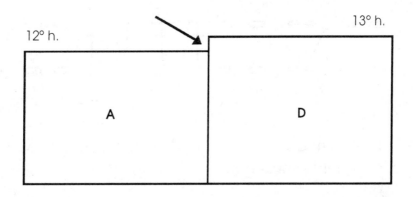

En este esquema, pueden observar un detalle de la forma de unión de A con D.

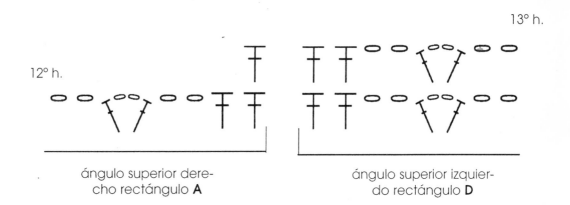

ángulo superior derecho rectángulo **A**

ángulo superior izquierdo rectángulo **D**

13º hilera:

- Esta hilera comienza en el rectángulo B ó D.
- Se teje toda la hilera con 1 p. fantasía y se continúa en el rectángulo A ó C.

La 13º hilera y sucesivas contarán con 4 p. v. seguidos en el centro del bombachón.

OPCIÓN Nº 2

13º hilera:

- Se termina la hilera del rectángulo de la derecha (B) con 1 p. v. entre los últimos 2 p. v. de base de la hilera anterior.

rectángulo
izquierdo

rectángulo
derecho

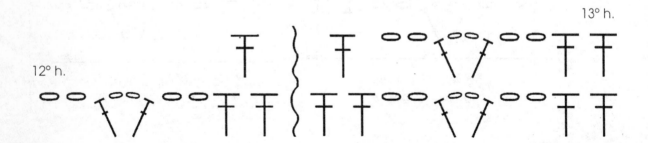

13º h.

12º h.

Tejan (en la unión con el otro rectángulo), entre los 2 p. v. de base de la 12° hilera del rectángulo de la izquierda (A), 1 p. v.

Al continuar con la 14° hilera y en las siguientes se le dará la forma al trabajo.

Les quedarán 2 p. v. en el centro o mitad delantera y trasera del bombachón.

Esquema delantero

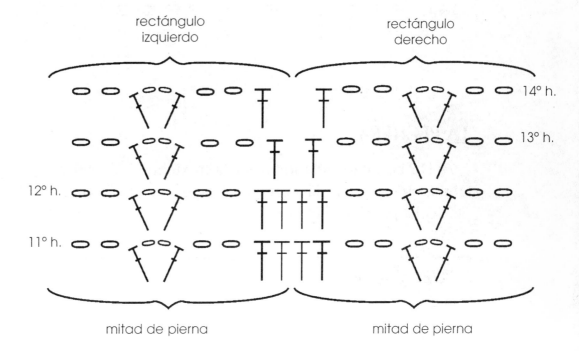

SECRETO

Del grupo de 4 varetas, 2 serán usadas para coserlas luego con punto flojo y lana. Así se formará la entrepierna del bombachón.

• Tejan hasta completar 33 hileras.

34º hilera:

• Se teje toda en p. v. con el fin de pasar luego una cinta bebé.

Observen el esquema siguiente:

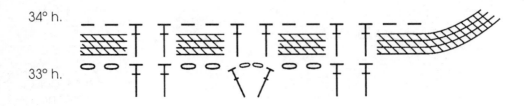

LA PECHERA

• De la mitad delantera del bombachón (marcada por 2 p. v.)
contaremos, hacia la derecha y la izquierda la mitad del ancho
deseado para la pechera.

ATENCIÓN

*Consideren siempre que deben entrar los motivos
completos de la hilera y, además, que deben comenzar y terminar con 2 p. v.*

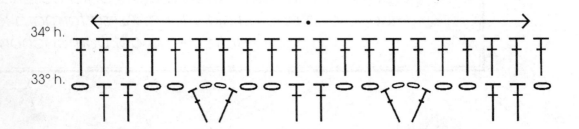

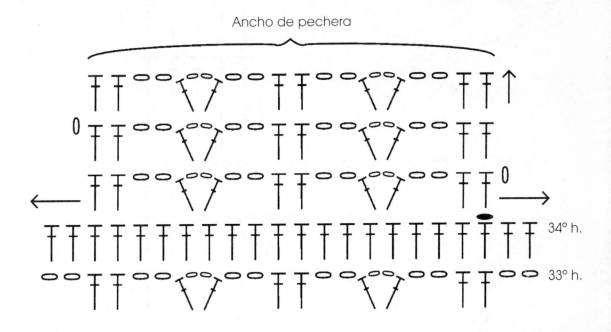

Ancho de pechera

34° h.

33° h.

• El alto de la pechera deberá ser aproximadamente de 14 hileras del tejido.

LOS BRETELES

• De cada extremo del tejido (de la pechera), tejan 5 p. v. Se teje primero de un extremo y luego del otro.

SECRETO

El largo aproximado de los breteles (no olviden que las medidas pueden variar de acuerdo con el cuerpo del bebé), será de 25 cm.

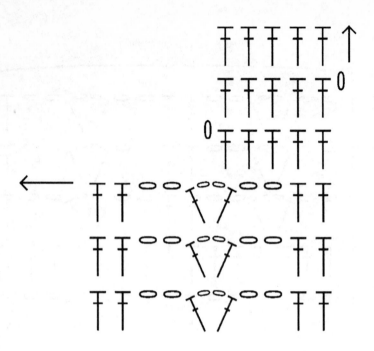

• En el extremo de cada bretel colocarán 1 botoncito.

• En este caso no se necesita hacer ojales ya que el mismo punto de crochet, al abrirse, se convierte en un perfecto ojal para la prenda.

UNIONES CON COSTURA

• Siempre deberán coser las uniones de una prenda tejida al crochet en lana con la misma hebra de lana que usaron para la confección y aguja especial. Además, el punto empleado para la unión con costura deberá ser flojo.

1)- LAS ENTREPIERNAS

• Cosan desde la 1° hasta la 9° hilera de un lado, luego los 2 p. v. del centro del bombachón y continúen con las puntadas flojas por la otra entrepierna hasta terminar en la 1° hilera del tejido.

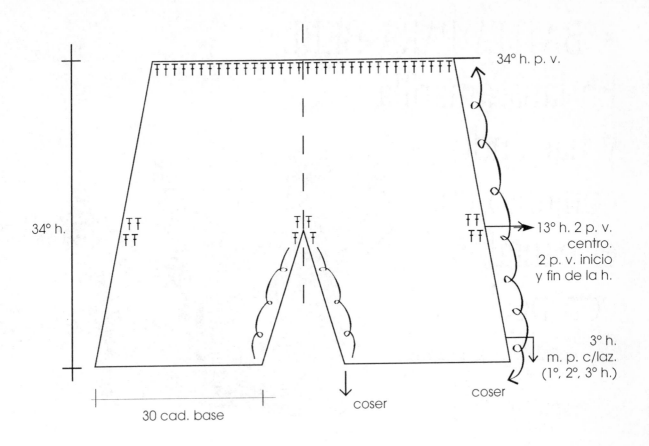

34° h. p. v.

34° h.

13° h. 2 p. v.
centro.
2 p. v. inicio
y fin de la h.

3° h.
m. p. c/laz.
(1°, 2°, 3° h.)

30 cad. base

coser

coser

• La parte trasera del pantalón se coserá igual, y tengan en cuenta que en la costura de la entrepierna se toma con la aguja de coser la 1° vareta de cada hilera.

Detalle breteles y cinta

• BATITA PARA BEBÉ
En lana amarilla y haciendo conjunto con el pantalón con pechera

Materiales:
- lana bebé amarilla
- ganchillo del mismo número que el utilizado para el bombachón (Nº 0)

Punto empleado:
Fantasía II

Inicio del trabajo:
- Monten sobre el ganchillo 122 cadenas.

1º hilera:

• Tejan 122 puntos vareta.

2º hilera:

• Recuerden que cada hilera, hasta llegar a la N° 22, se inicia y termina con 5 p. v.

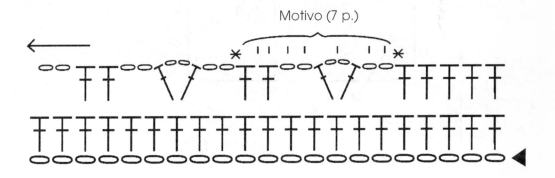

La secuencia es la siguiente:

5 p. v., * 2 cad., 1 p. v., 2 cad., 1 p. v. en el mismo p. de base, 2 cad., 2 p. v. *. Repetir de * a *.

CONSEJO

Deberán repetir esta secuencia en todas las hileras, hasta llegar a la N° 22.

Al llegar a la hilera N° 22 encimen los extremos (los formados por los 5 p. v.) para calcular la sisa.

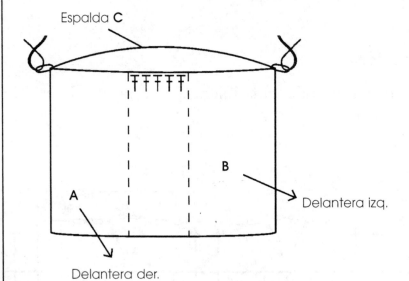

Espalda **C**

A

Delantera der.

B

Delantera izq.

Hagan una marca
con puntada de
hilo y aguja

No importa en qué
p. se marca

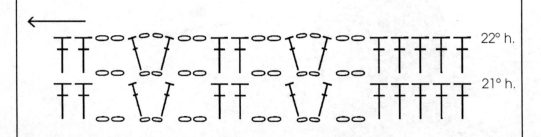

22° h.

21° h.

Sobre la hilera N° 22 y con un hilo auxiliar, marcarán la tercera parte del trabajo, según se aprecia en el esquema siguiente:

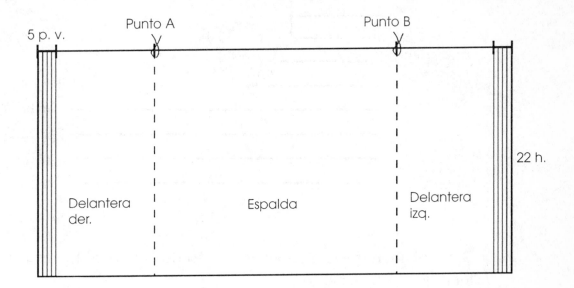

Tengan muy en cuenta que las dos partes delanteras (derecha e izquierda) deberán medir exactamente lo mismo.

Una vez que llegaron hasta aquí, recomenzarán el tejido por el punto "A" en la delantera derecha. Para formar la sisa deberán practicar una disminución como se explica a continuación.

DISMINUCIÓN

Se realiza al inicio de cada hilera y durante 3 hileras. Es muy importante remarcar que la disminución se hace SIEMPRE DEL MISMO LADO del tejido, como indica el esquema de la página siguiente.

Disminución

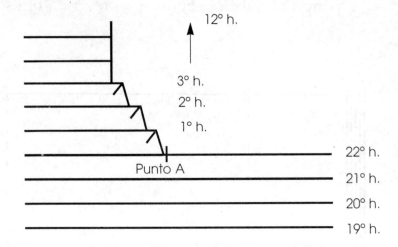

No olviden que en el otro extremo del tejido, al finalizar la hilera, deben hacerse los 5 p. v.

Entonces, a partir de "A" comenzarán a hacer las disminuciones hasta tejer 12 hileras.

35° hilera:

• Salten las 5 v. de margen, las 2 cad., los 2 p. v. y las 2 cad. Vean el esquema.

37° h.

36° h.

35° h.

34° h.

IMPORTANTE

La parte delantera izquierda se realiza exactamente igual que la derecha, pero partiendo de "B".

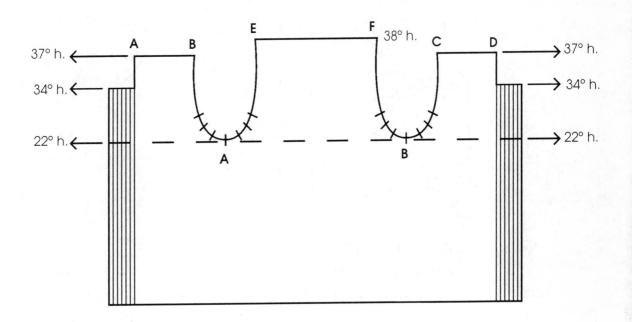

ESPALDA

Deberán hacer 3 disminuciones en cada inicio del tejido, pero tejerán una hilera más que en la delantera.

CUELLO

Cosan con punto flojo (con lana y aguja), los dos hombros, es decir, las secciones AB y CD.

Comiencen a coser apoyando B sobre E y C sobre F, como indica el esquema de la página siguiente.

Esquemas cuello

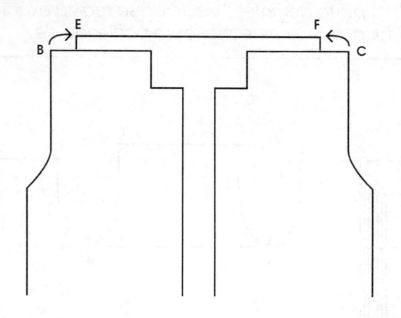

La prenda les quedará como un chaleco sin mangas.

El cuello se teje comenzando en "1", haciendo toda la hilera con p. v. y cerrando en el extremo de la parte delantera izquierda. Esta hilera de p. v. será la que dará forma al cuello.

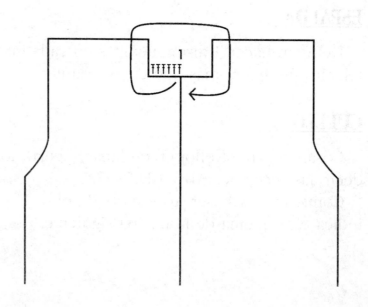

MANGAS

Inicio del trabajo:

• Monten 44 cadenas.

1º hilera:

• Tejan 44 p. v.

2º hilera:

• Tejan * 2 p. v., 2 cad., 1 p. v., 2 cad., 1 p. v. en el mismo punto de base, 2 cad. *. Repitan de * a *.

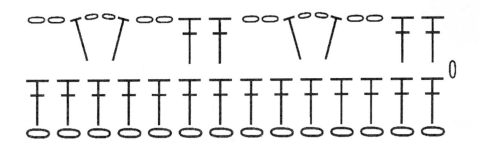

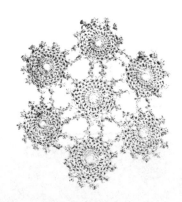

3° hilera:

• Aumenten 1 p. v. al inicio de la hilera y al final. El p. v. se hará en el mismo punto de base. Vean en el siguiente esquema el comienzo de la 3° hilera:

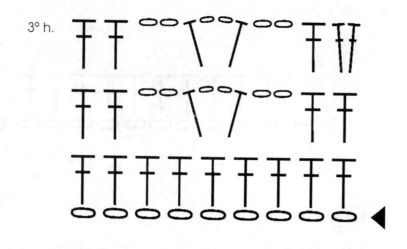

3° h.

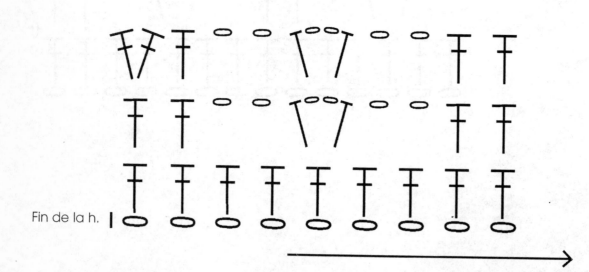

Fin de la h.

4° hilera:

- Aumenten 1 p. v. al comienzo y final de la hilera.

5° hilera:

- Se teje igual que la anterior.

A continuación verán un esquema con la progresión del tejido y la forma de realizar la 6° hilera.
Sigan tejiendo así hasta completar 11 hileras.

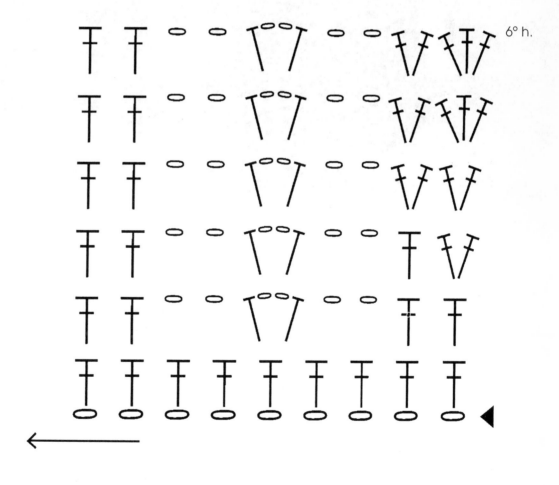

ARMADO

- Cosan con p. flojo los laterales.
- Hagan coincidir la costura de la manga con el punto A y B de sisa de la batita. De este modo la costura quedará en la axila.
- Cosan con punto flojo todo alrededor de la sisa.

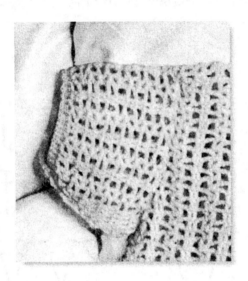

Detalle manga

Detalle terminación

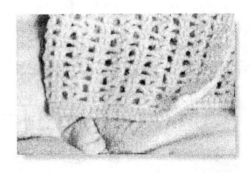

Detalle cuello
y solapas

• ÍNDICE

CAPÍTULO 1
INFORMACIÓN BÁSICA

CAPÍTULO 2
PUNTILLAS

CAPÍTULO 3
DESARROLLO DE LOS TRABAJOS

Este libro se terminó de imprimir en
MUNDO GRÁFICO
Zeballos 885 • Avellaneda
Septiembre de 2003